prosas seguidas de odes mínimas

josé
paulo
paes

prosas
seguidas
de odes
mínimas

COMPANHIA DAS LETRAS

Grafia atualizada segundo o Acordo Ortográfico da Língua Portuguesa de 1990, que entrou em vigor no Brasil em 2009.

Capa, ilustração e projeto gráfico
Elisa von Randow

Revisão
Erika Nogueira Vieira
Adriana Bairrada

Dados Internacionais de Catalogação na Publicação (CIP)
(Câmara Brasileira do Livro, SP, Brasil)

Paes, José Paulo, 1926-1998
    Prosas seguidas de Odes mínimas / José Paulo Paes.
— 1ª ed. — São Paulo : Companhia das Letras, 2023.

    ISBN 978-65-5425-004-7

    1. Poesia brasileira 2. Prosa brasileira I. Título II. Série.

| | CDD-B869.1 |
| 22-137365 | CDD-B869.8 |

Índices para catálogo sistemático:
1. Poesia : Literatura brasileira B869.1
2. Prosa : Literatura brasileira B869.8

Aline Graziele Benitez – Bibliotecária – CRB-1/3129

5ª reimpressão

Todos os direitos desta edição reservados à
EDITORA SCHWARCZ S.A.
Rua Bandeira Paulista, 702, cj. 32
04532-002 — São Paulo — SP
Telefone: (11) 3707-3500
www.companhiadasletras.com.br
www.blogdacompanhia.com.br
facebook.com/companhiadasletras
instagram.com/companhiadasletras
twitter.com/cialetras

sumário

Para a Dora, em vez do rubi de praxe

prosas

*À memória de Fernando Góes, que um dia
chamou de Poesias um livro seu de crônicas*

Escolha de túmulo

Mais bien je veux qu'un arbre
m'ombrage au lieu d'un marbre
Ronsard

Onde os cavalos do sono
batem cascos matinais.

Onde o mundo se entreabre
em casa, pomar e galo.

Onde ao espelho duplicam-se
as anêmonas do pranto.

Onde um lúcido menino
propõe uma nova infância.

Ali repousa o poeta.

Ali um voo termina,
outro voo se inicia.

Canção do adolescente

Se mais bem olhardes
notareis que as rugas
umas são postiças
outras literárias.
Notareis ainda
o que mais escondo:
a descontinuidade
do meu corpo híbrido.
Quando corto a rua
para me ocultar
as mulheres riem
(sempre tão agudas!)
do meu pobre corpo.
Que força macabra
misturou pedaços
de criança e homem
para me criar?
Se quereis salvar-me
desta anatomia,
batizai-me depressa
com as inefáveis
as assustadoras
águas do mundo.

Noturno

O apito do trem perfura a noite.
As paredes do quarto se encolhem.
O mundo fica mais vasto.

Tantos livros para ler
tantas ruas por andar
tantas mulheres a possuir...

Quando chega a madrugada
o adolescente adormece por fim
certo de que o dia vai nascer especialmente para ele.

Canção de exílio

Um dia segui viagem
sem olhar sobre o meu ombro.

Não vi terras de passagem
Não vi glórias nem escombros.

Guardei no fundo da mala
um raminho de alecrim.

Apaguei a luz da sala
que ainda brilhava por mim.

Fechei a porta da rua
a chave joguei ao mar.

Andei tanto nesta rua
que já não sei mais voltar.

Um retrato

Eu mal o conheci
quando era vivo.
Mas o que sabe
um homem de outro homem?

Houve sempre entre nós certa distância,
um pouco maior que a desta mesa onde escrevo
até esse retrato na parede
de onde ele me olha o tempo todo. Para quê?

Não são muitas as lembranças
que dele guardo: a aspereza
da barba no seu rosto quando eu o beijava
ao chegar para as férias;
o cheiro de tabaco em suas roupas;
o perfil mais duro do queixo
quando estava preòcupado;
o riso reprimido
até soltar-se (alívio!)
na risada.

Falava pouco comigo.
Estava sempre
noutra parte: ou trabalhando
ou lendo ou conversando
com alguém ou então saindo
(tantas vezes!) de viagem.

Só quando adoeceu e o fui buscar
em casa alheia
e o trouxe para a minha casa (que infinitos
os cuidados de Dora com ele!)
estivemos juntos por mais tempo.
Mesmo então dele eu só conheci
a luta pertinaz
contra a dor, o desconforto,
a inutilidade forçada, os negaceios
da morte já bem próxima.

Até o dia em que tive de ajudar
a descer-lhe o caixão à sepultura.
Aí então eu o soube mais que ausência.
Senti com minhas próprias mãos o peso
do seu corpo, que era o peso
imenso do mundo.
Então o conheci. E conheci-me.

Ergo os olhos para ele na parede.
Sei agora, pai,
o que é estar vivo.

Outro retrato

O laço de fita
que prende os cabelos
da moça no retrato
mais parece uma borboleta.

Um ventinho qualquer
e sai voando
rumo a outra vida
além do retrato.

Uma vida onde os maridos
nunca chegam tarde
com um gosto amargo
na boca.

Onde não há cozinhas
pratos por lavar
vigílias, fraldas sujas
coqueluches, sarampos.

Onde os filhos não vão
um dia estudar fora
e acabam se casando
e esquecem de escrever.

Onde não sobram contas
a pagar nem dentes
postiços nem cabelos
brancos nem muito menos rugas.

Um ventinho qualquer...
O laço de fita
prende sempre — coitada! —
os cabelos da moça.

J. V.

Já o conheci de bigodes encanecidos, definitivamente avô. E no uniforme de guerra com que costumava atender os fregueses da livraria — camisa sem colarinho, paletó de pijama, chinelos de couro com o seu plac-plac inconfundível.

Nesse mesmo uniforme, muitos anos depois de ele morto, eu o revi em Guimarães, a sua cidade do Minho. O sol poente lhe recortava fugazmente contra o horizonte a figura miúda e trêfega de último escudeiro de Afonso Henriques que partia a combater os mouros.

Viera mocinho de Portugal a chamado da irmã mais velha já fixada no Rio. Acabou se alistando no corpo de bombeiros depois de ter sido caixeiro de loja. No tempo de Floriano, foi recrutado pelo exército. Desertou no cerco da Lapa e atravessou a pé todo o Paraná até São Paulo.

Era um saudoso da monarquia. No lugar de honra da sala de visitas de nossa casa, logo acima do piano alemão, havia um retrato da família imperial.

(Aliás, no começo da República, correra pela cidade o boato de uma contrarrevolução no Rio. Os monarquistas tomaram a prefeitura e declararam restaurado o antigo regime, o qual durou as 24 horas necessárias para chegar a Taquaritinga um desmentido oficial do boato.)

A livraria, papelaria e tipografia de J. V. disputava com a farmácia de seu Juca o prestígio de ponto de encontro das notabilidades locais — o vigário, o juiz e o delegado, a par de figuras menos notáveis.

Como o seu Lincoln, um velhote de fala branda e colete branco com quem minha avó implicava sei eu lá por quê. Ela trocava às vezes por sal o açúcar do cafezinho que lhe servia a contragosto. Mas seu Lincoln nunca se deu por achado, para não vexar J. V.

Falava-se de tudo na roda da livraria, principalmente de política. O fogo da discussão era mantido aceso pelas observações bem-humoradas de J. V., frutos de uma longa experiência dos desconchavos do mundo e dos homens.

Nos anos de guerra, as atenções da roda se voltaram para os acontecimentos da Europa e do Pacífico. J. V. ouvia religiosamente o noticiário da noite no rádio da sala de visitas, mesmo depois de ter lido o jornal de ponta a ponta.

Quando adoeceu gravemente e começou a delirar, queria por força descer da cama para ir matar o imperador Hiroíto. Nós os netos, que nos revezávamos com seus filhos para o vigiar de noite, tínhamos dificuldade em contê-lo. Morreu antes do fim da guerra.

Muitos anos depois, ao ler eu a notícia do falecimento de Hiroíto, vi que ele não perdera por esperar: o último escudeiro de Afonso Henriques o tinha finalmente alcançado.

Dona Zizinha

Criara-se numa fazenda do estado do Rio. Lá decerto foi que ouvira, da boca de alguma ex-escrava, as histórias com que enchia de susto as noites de nossa infância: "Ai que eu caio! e caía uma perna. Ai que eu caio! e caía um braço".

Cultivava os seus próprios terrores. Verdureiro que lhe batesse à porta era despachado incontinenti se, após um manhoso interrogatório, ela descobrisse que tinha horta perto do cemitério. Sepulturas e caveiras lhe davam asco invencível.

Mas gostava de histórias de crimes, sobretudo misteriosos. Com seus olhos fundos, já fracos, ajudados por uma grossa lente de bolso que até hoje guardo, lia incansavelmente, e nos deixava ler, os folhetins trazidos toda semana pelo carteiro — Zevaco, Dumas, Conan Doyle.

O avanço da surdez com o passar dos anos, o crescimento dos netos que já não tinham gosto pelas suas histórias ou folhetins, a impaciência dos adultos de conversar com ela aos gritos, condenaram-na praticamente ao silêncio.

Não se sentava mais à mesa conosco para as refeições. Preferia comer solitária na sua cozinha, o prato fundo sobre o colo à maneira da roça: arroz, feijão, couve, farinha e o bife sem sabor algum porque, de nojo, o lavava com sabão antes de fritá-lo.

Só se ia deitar depois de todos terem chegado, fosse a que hora fosse. Cerrava então as portas e as janelas com uma infinidade de chaves, trancas, ferrolhos, levando seu zelo ao ponto de prender pedacinhos de linha nos batentes. Às vezes nós crianças, quando acordávamos mais cedo do que ela, rompíamos os fios de linha para nos divertir com a sua muda perplexidade de supor violado, de fora para dentro ou vice-versa, o seu castelo inexpugnável.

Nele continuou a viver com a filha mais velha, também viúva, após a morte de J. V. e a dispersão do resto da família, cada qual para um lado. Por estranho que pareça, não consigo me lembrar da sua morte nem do seu enterro, embora me lembre muito bem de todos os outros enterros da casa.

Quem sabe nunca morreu, ela que tinha tanto pavor de cemitérios. Quem sabe não voltou, sem que nós o percebêssemos, para a fazenda fluminense de onde viera, levando consigo os velhos folhetins que ninguém mais se interessava em ler e as velhas histórias de assombração que já ninguém queria ouvir.

Um empregado

Sofria de bócio e tinha sotaque de caipira, que a voz fanhosa mudava num quase lamento mesmo quando ria.

Na sua simplicidade havia algo de cerimonioso. Quando um de nós crianças lhe atravessava o caminho nos dias de lavar chão, ele gritava "foge foge!" porque "sai sai!" ou "passa passa!" só se diz a cachorro.

Os frequentadores mais assíduos da livraria o tomavam como cabide de anedotas ou vítima de armadilhas. Por exemplo, enfiar às escondidas um pedaço de arame na banana da sua sobremesa para vê-lo assustar-se à primeira mordida.

Era congregado mariano e usava sempre o distintivo da congregação na lapela do terno — brim pardo dos dias de semana, casimira azul-marinho dos domingos. Nas procissões ajudava a carregar o andor da Virgem.

Certo aniversário o levaram até o bar para comer doce e tomar guaraná, mas disfarçadamente misturado com cachaça. Depois de bêbado o arrastaram a uma casa de mulheres, de onde ele saiu berrando a Deus que o livrasse de Satanás.

Teve, não obstante, amores castos. Ficava de longe namorando com olhos compridos as mocinhas de família que passeavam pelo jardim da praça sem nada saber da sua silenciosa adoração.

Depois da morte do meu avô aposentou-se. De vez em quando ia visitar, saudoso, a livraria. Cheguei a vê-lo numa dessas vezes. Contaram-me há pouco tempo que morreu octogenário e desmemoriado num asilo de velhos.

Deve estar agora lá em cima, sentado com o terno de casimira à direita do Senhor, olhando-Lhe por sobre o ombro as onze mil virgens que, à Sua esquerda, ajudam a tornar menos monótona a eternidade dos justos.

Loucos

Ninguém com um grão de juízo ignora estarem os loucos muito mais perto do mundo das crianças que do mundo dos adultos. Eu pelo menos não esqueci os loucos da minha infância.

Havia o Elétrico, um homenzinho atarracado de cabeça pontuda que dormia à noite no vão das portas mas de dia rondava sem descanso as ruas da cidade.

Quando topava com um poste de iluminação, punha-se a dar voltas em torno dele. Ao fim de certo número de voltas, rompia o círculo e seguia seu caminho em linha reta até o poste seguinte.

Nós, crianças, não tínhamos dúvida de que se devia aos círculos mágicos do Elétrico a circunstância de jamais faltar luz em Taquaritinga e de os seus postes, por altos que fossem, nunca terem desabado.

Havia também o João Bobo, um caboclo espigado, barbicha rala a lhe apontar do queixo, olhos lacrimejantes e riso sem causa na boca desdentada sempre a escorrer de baba.

Adorava crianças de colo. Quando lhe punham uma nos braços, seus olhos se acendiam, seu riso de idiota ganhava a mesma expressão de materna beatitude que eu me acostumara a ver, assustado com a semelhança, no rosto da Virgem do altar-mor da igreja.

E havia finalmente o Félix, um preto de meia-idade sempre a resmungar consigo num incompreensível monólogo. A molecada o perseguia ao refrão de "Félix morreu na guerra! Félix morreu na guerra!".

Ele respondia com os palavrões mais cabeludos porque o refrão lhe lembrava que, numa das revoluções, a mãe o escondera no mato com medo do recrutamento, a ele que abominava todas as formas de violência.

Quando Félix rachava lenha cantando, no quintal de nossa casa, e, em briga de meninos, um mais taludo batia num menor, ele se punha a berrar desesperadamente: "Acuda! Acuda!" até um adulto aparecer para salvar a vítima.

Como se vê; os loucos de nossa infância eram loucos úteis. Deles aprendemos coisas que os professores do grupo e do ginásio não nos poderiam ensinar, mesmo porque, desconfio, nada sabiam delas.

A casa

Vendam logo esta casa, ela está cheia de fantasmas.

Na livraria, há um avô que faz cartões de boas-festas com
   corações de purpurina.
Na tipografia, um tio que imprime avisos fúnebres e progra-
   mas de circo.
Na sala de visitas, um pai que lê romances policiais até o
   fim dos tempos.
No quarto, uma mãe que está sempre parindo a última filha.
Na sala de jantar, uma tia que lustra cuidadosamente o seu
   próprio caixão.
Na copa, uma prima que passa a ferro todas as mortalhas
   da família.
Na cozinha, uma avó que conta noite e dia histórias do ou-
   tro mundo.
No quintal, um preto velho que morreu na Guerra do Para-
   guai rachando lenha.
E no telhado um menino medroso que espia todos eles; só
   que está vivo: trouxe-o até ali o pássaro dos sonhos.
Deixem o menino dormir, mas vendam a casa, vendam-na
   depressa.

Antes que ele acorde e se descubra também morto.

Iniciação

Com os olhos tapados pelas minhas mãos, os dois seios de A. tremiam no antegozo e no horror da morte consentida.

De ventosas aferradas à popa transatlântica de B., eu conheci a fúria das borrascas e a combustão dos sóis.

Pelas coxas de C. tive ingresso à imêmore caverna onde o meu desejo ficou preso para sempre nas sombras da parede e no latejar do sangue, realidade última que cega e que ensurdece.

Nana para Glaura

Dorme como quem
porque nunca nascida
dormisse no hiato
entre a morte e a vida.

Dorme como quem
nem os olhos abrisse
por saber desde sempre
quanto o mundo é triste.

Dorme como quem
cedo achasse abrigo
que nos meus desabrigos
dormirei contigo.

Balancete

A esperança: flor
seca mas (acaso
ou precaução?) guardada
entre as páginas de um livro.

A incerteza: frio
de faca cortando
em porções cada vez menores
a laranja dos dias.

O amor: latejo
de artéria entupida
por onde o sangue se obstina
em fluir.

A morte: esquina
ainda por virar
quando já estava quase esquecido
o gosto de virá-las.

Prosa para Miramar

Rua Ricardo Batista.
Bela Vista.
Segundo andar? Eu já nem lembro.
A primeira vez fui levado por Francisco
na sua derradeira aparição entre nós
como aluno e filho torto de Tarsila.

A sala
com o espantoso De Chirico:
o gabinete com os livros
onde discutimos Bachoffen uma tarde inteira:
a geladeira
onde Antonieta lhe guardava à noite
um copo de leite surrupiado pelo Aurasil às vezes.

O cabelo cortado bem curto
por sob a boina azul (na rua).
Os olhos a olhar sempre de frente
numa interrogação ou desafio.
O sorriso, os dentes de antropófago.
A língua afiada
nos ridículos de gregos e troianos.

Não de pobres interioranos como eu, recruta
da geração de 45
(inofensiva, apesar do nome
de calibre de arma de fogo)
com a qual ele gostava de brigar
nas suas horas vagas
de guerrilheiro já sem causa.

Para ele (amor: humor) eu era apenas
um poetinha da jeunesse dorée
talento sem dor
mas felizmente com Dora.
Para mim ele era o velho piaga
(meninos eu vi) de uma tribo definitivamente morta
mas cujos ossos haveremos de carregar conosco muito tempo
queiram ou não
os que só não têm medo de suas próprias sombras.

Rua Ricardo Batista.
Passei por ali ainda outro dia.
O edifício está lá de pé mas ele se mudou.
Nunca mais o vi. Frequentei Nonê por uns bons anos
até a sua má ideia de voltar para a Úmbria
onde certamente lhe reconstruíram tijolo por tijolo
o ateliê e o casarão da Martiniano de Carvalho
hoje um hospital.

Nunca mais o vi? Mentira. Vi-o uma última vez
em 65 ou 66, estreia
de *O rei da vela* no Oficina.
Ele estava sentado na plateia bem atrás
com sua boina azul
já póstumo mas divertido de ver o irrespeitável público
comendo finalmente
do biscoito de massa mais fina
que com suas próprias mãos ele amassara
para o futuro, seu melhor freguês.

Reencontro

Ontem, treze anos depois da sua morte, voltei a me encontrar com Osman Lins.

O encontro foi no porão de um antigo convento, sob cujo teto baixo ele encenava a primeira peça do seu Teatro do Infinito.

A peça, *Vitória da dignidade sobre a violência*, não tinha palavras: ele já não precisava delas.

Tampouco disse coisa alguma quando o fui cumprimentar. Mas o seu sorriso era tão luminoso que eu acordei.

Balada do Belas-Artes

Sobre o mármore das mesas
do Café Belas-Artes
os problemas se resolviam
como em passe de mágica.

Não que as leis do real
se abolissem de todo
mas ali dentro Curitiba
era quase Paris:

O verso vinha fácil
o conto tinha graça
a música se compunha
o quadro se pintava.

Doía muito menos
a dor de cotovelo,
nem chegava a incomodar
a falta de dinheiro.

Para o sedento havia
um copo de água fresca,
média pão e manteiga
consolavam o faminto.

Não se desfazia nunca
a roda de amigos;
o tempo congelara-se
no seu melhor minuto.

Um dia foi fechado
o Café Belas-Artes
e os amigos não acharam
outro lugar de encontro.

Talvez porque já não tivessem
(adeus Paris adeus)
mais razões de encontrar-se
mais nada a se dizer.

Mundo novo

Como estás vendo, não valeu a pena tanto esforço:
a urgência na construção da Arca
o rigor na escolha dos sobreviventes
a monotonia da vida a bordo desde os primeiros dias
a carestia aceita com resmungos nos últimos dias
os olhos cansados de buscar um sol continuamente adiado.

E no entanto sabias de antemão que seria assim. Sabias que
a pomba iria trazer não um ramo de oliva mas de espi-
nheiro.

Sabias e não disseste nada a nós, teus tripulantes, que ora
vês lavrando com as mesmas enxadas de Caim e Abel a
terra mal enxuta do Dilúvio.

Aliás, se nos dissesses, nós não te acreditaríamos.

Sobre o fim da história

A pólvora já tinha sido inventada, a Bastilha posta abaixo e
o czar fuzilado quando eu nasci. Embora não me restas-
se mais nada por fazer, cultivei ciosamente a minha mio-
pia para poder investir contra moinhos de vento.

Eles até que foram simpáticos comigo e os de minha gera-
ção. Fingiam de gigantes, davam berros horríveis só para
nos animar a atacá-los.

Faz muito tempo que os sei meros moinhos. Por isso os der-
rubei e construí em seu lugar uma nova Bastilha. Vou ver
se escondo agora a fórmula da pólvora e arranjo um ou-
tro czar para o trono.

Quero que meus filhos comecem bem a vida.

Ceia

Pesca no fundo de ti mesmo o peixe mais luzente.
Raspa-lhe as escamas com cuidado: ainda sangram.
Põe-lhe uns grãos do sal que trouxeste das viagens
e umas gotas de todo o vinagre que tiveste de beber na vida.
Assa-o depois nas brasas que restem em meio a tanta cinza.

Serve-o aos teus convivas, mas com pão e vinho
do trigo que não segaste, da uva que não colheste
mas que de alguma forma foram pagos
em tempo ainda hábil
pelo teu muito suor e por um pouco do teu sangue.

Não te desculpes da modéstia da comida.
Ofereceste o que tinhas de melhor.
Podes agora dizer boa-noite, fechar a porta, apagar a luz
e ir dormir profundamente. Estamos quites
tu e eu, teu mais hipócrita leitor.

odes mínimas

À minha perna esquerda

1

Pernas
para que vos quero?

Se já não tenho
por que dançar.

Se já não pretendo
ir a parte alguma.

Pernas?
Basta uma.

2

Desço
    que   subo
       desço   que
          subo
           camas
           imensas.

        Aonde me levas
        todas as noites
           pé morto
           pé morto?

Corro, entre fezes
de infância, lençóis
hospitalares, as ruas
de uma cidade que não dorme
e onde vozes barrocas
enchem o ar
de p
   a
   i
   n
  a sufocante
e o amigo sem corpo
zomba dos amantes
a rolar na relva.

     Por que me deixaste
           pé morto
           pé morto
     a sangrar no meio
     de tão grande sertão?

        não
        n ã o
        N Ã O !

3

Aqui estou,
Dora, no teu colo,
nu
como no princípio
de tudo.

> Me pega
> me embala
> me protege.

> Foste sempre minha mãe
> e minha filha
> depois de teres sido
> (desde o princípio
> de tudo) a mulher.

4

Dizem que ontem à noite um inexplicável morcego assustou os pacientes da enfermaria geral.

Dizem que hoje de manhã todos os vidros do ambulatório apareceram inexplicavelmente sem tampa, os rolos de gaze todos sujos de vermelho.

5

> Chegou a hora
> de nos despedirmos
> um do outro, minha cara
> data vermibus
> perna esquerda.
> A las doce en punto
> de la tarde
> vão-nos separar
> ad eternitatem.
> Pudicamente envolta
> num trapo de pano

vão te levar
da sala de cirurgia
para algum outro (cemitério
ou lata de lixo
que importa?) lugar
onde ficarás à espera
a seu tempo e hora
do restante de nós.

6

esquerda   direita
esquerda   direita
direita
direita

Nenhuma perna
é eterna.

7

Longe
do corpo
terás
doravante
de caminhar sozinha
até o dia do Juízo.

Não há
pressa
nem o que temer:
haveremos

de oportunamente
te alcançar.

Na pior das hipóteses
se chegares
antes de nós
diante do Juiz
coragem:
não tens culpa
(lembra-te)
de nada.

Os maus passos
quem os deu na vida
foi a arrogância
da cabeça
a afoiteza
das glândulas
a incurável cegueira
do coração.
Os tropeços
deu-os a alma
ignorante dos buracos
da estrada
das armadilhas
do mundo.

Mas não te preocupes
que no instante final
estaremos juntos
prontos para a sentença
seja ela qual for

contra nós
lavrada:
as perplexidades
de ainda outro Lugar
ou a inconcebível
paz
do Nada.

À bengala

Contigo me faço
pastor do rebanho
de meus próprios passos.

Aos óculos

Só fingem que põem
o mundo ao alcance
dos meus olhos míopes.

Na verdade me exilam
dele com filtrar-lhe
a menor imagem.

Já não vejo as coisas
como são: vejo-as como eles querem
que as veja.

Logo, são eles que veem,
não eu que, mesmo cônscio
do logro, lhes sou grato

por anteciparem em mim
o Édipo curioso
de suas próprias trevas.

À tinta de escrever

Ao teu azul fidalgo mortifica
registrar a notícia, escrever
o bilhete, assinar a promissória
esses filhos do momento. Sonhas

mais duradouro o pergaminho
onde pudesses, arte longa em vida breve
inscrever, vitríolo o epigrama, lágrima
a elegia, bronze a epopeia.

Mas já que o duradouro de hoje nem
espera a tinta do jornal secar,
firma, azul, a tua promissória
ao minuto e adeus que agora é tudo História.

Ao compromisso

Não sou homem de extremos.
Não sou do mais
nem do menos.

Tanto assim que nasci
em Brasília mesmo.
Não no Oiapoque ou no Chuí.

À garrafa

Contigo adquiro a astúcia
de conter e de conter-me.
Teu estreito gargalo
é uma lição de angústia.

Por translúcida pões
o dentro fora e o fora dentro
para que a forma se cumpra
e o espaço ressoe.

Até que, farta da constante
prisão da forma, saltes
da mão para o chão
e te estilhaces, suicida,

numa explosão
de diamantes.

À televisão

Teu boletim meteorológico
me diz aqui e agora
se chove ou se faz sol.
Para que ir lá fora?

A comida suculenta
que pões à minha frente
como-a toda com os olhos.
Aposentei os dentes.

Nos dramalhões que encenas
há tamanho poder
de vida que eu próprio
nem me canso em viver.

Guerra, sexo, esporte
— me dás tudo, tudo.
Vou pregar minha porta:
já não preciso do mundo.

Ao shopping center

Pelos teus círculos
vagamos sem rumo
nós almas penadas
do mundo do consumo.

De elevador ao céu
pela escada ao inferno:
os extremos se tocam
no castigo eterno.

Cada loja é um novo
prego em nossa cruz.
Por mais que compremos
estamos sempre nus

nós que por teus círculos
vagamos sem perdão
à espera (até quando?)
da Grande Liquidação.

Ao fósforo

Primeiro a cabeça
o corpo depois

se inflamam e acendem

o forno
do pão

a luz
na escuridão

a pira
da paixão

a bomba
da revolução.

Sim, mas vamos à coisa concreta:

você fala de fósforos
ou de poetas?

À impropriedade

De cearense sedentário
baiano lacônico,
mineiro perdulário

Deus nos guarde.

De carioca cerimonioso
gaúcho modesto
paulista preguiçoso

Deus nos livre e guarde.

Ao espelho

O que mais me aproveita
em nosso tão frequente
comércio é a tua
pedagogia de avessos.
Fazem-se em nós defeitos
as virtudes que ensinas:
o brilho de superfície
a profundidade mentirosa
o existir apenas
no reflexo alheio.
No entanto, sem ti
sequer nos saberíamos
o outro de um outro
outro por sua vez
de algum outro, em infinito
corredor de espelhos.
Isso até o último
vazio de toda imagem
espelho de um si mesmo
anterior, posterior
a tudo, isto é, a nada.

Ao alfinete

A tua cabeça
é um infinito às avessas.
Com tua ponta aprende
a língua mais perversa.

Piedosamente escondes
obscenos rasgões.
Com prender o molde ao pano
uma roupa lhe impões.

No idioma da ambição
só ao módico dás nome:
"Algum para os alfinetes"
pede a mulher ao homem.

Mas se cais ao chão ninguém
se rebaixa em colher-te.
Com um muxoxo de desdém
diz: "É um simples alfinete".

A um recém-nascido

para José Paulo Naves

Que bichinho é este
tão tenro
tão frágil
que mal aguenta o peso
do seu próprio nome?

— É o filho do homem.

Que bichinho é este
expulso de um mar
tranquilo, todo seu
que veio ter à praia
do que der e vier?

— É o filho da mulher.

Que bichinho é este
de boca tão pequena
que num instante passa
do sorriso ao bocejo
e dele ao berro enorme?

— É o filho da fome.

Que bichinho é este
que por milagre cessa
o choro assim que pode

mamar numa teta
túrgida, madura?

— É o filho da fartura.

Que bichinho é este
cujos pés, na pressa
de seguir caminho
não param de agitar-se
sequer por um segundo?

— É o filho do mundo.

Que bichinho é este
que estende os braços curtos
como se tivesse
já ao alcance da mão
algum dos sonhos seus?

— É um filho de Deus.

Sobre o autor

José Paulo Paes nasceu em Taquaritinga, São Paulo, em 1926. Estudou química industrial em Curitiba, onde publicou seu primeiro livro de poemas, em 1947. Trabalhou num laboratório farmacêutico e numa editora de livros, aposentando-se para poder dedicar-se inteiramente à literatura. Pesquisador, tradutor, ensaísta e poeta, também foi colaborador regular na imprensa literária. Morreu em 1998. Pela Companhia das Letras publicou, entre outros, *A aventura literária* (1990), *Prosas seguidas de Odes mínimas* (1992), *Socráticas* (2001) e *Poesia completa* (2008), e pela Companhia das Letrinhas, *Uma letra puxa a outra* (1992), *Um número depois do outro* (1993), *Ri melhor quem ri primeiro* (1998) e *A revolta das palavras* (1999).

TIPOGRAFIA Wigrum

DIAGRAMAÇÃO acomte

PAPEL Pólen Bold, Suzano S.A.

IMPRESSÃO Gráfica Bartira, maio de 2025